BEI GRIN MACHT SICH IHR WISSEN BEZAHLT

- Wir veröffentlichen Ihre Hausarbeit, Bachelor- und Masterarbeit

- Ihr eigenes eBook und Buch - weltweit in allen wichtigen Shops

- Verdienen Sie an jedem Verkauf

Jetzt bei www.GRIN.com hochladen und kostenlos publizieren

Soziales Handeln nach Max Weber. Soziale Gruppen und OECD-Empfehlungen zur Integration von Flüchtlingen

GRIN

Bibliografische Information der Deutschen Nationalbibliothek:

Die Deutsche Nationalbibliothek verzeichnet diese Publikation in der Deutschen Nationalbibliografie; detaillierte bibliografische Daten sind im Internet über http://dnb.d-nb.de abrufbar.

ISBN: 9783346854056
Dieses Buch ist auch als E-Book erhältlich.

Druck und Bindung: Books on Demand GmbH, Norderstedt Germany
Gedruckt auf säurefreiem Papier aus verantwortungsvollen Quellen

Das vorliegende Werk wurde sorgfältig erarbeitet. Dennoch übernehmen Autoren und Verlag für die Richtigkeit von Angaben, Hinweisen, Links und Ratschlägen sowie eventuelle Druckfehler keine Haftung.

Das Buch bei GRIN: https://www.grin.com/document/1349825

Inhalt

Abkürzungsverzeichnis 1

1. Teilaufgabe A soziales Handeln nach Max Weber 2

   1.1. Max Weber 2

   1.2. Soziales Handeln 2

   1.3. Bestimmungsgründe sozialen Handelns 4

2. Teilaufgabe B Soziale Gruppen 7

   2.1. Soziologie 7

   2.2. Soziale Gruppen 8

   2.3. Soziale Gruppen am Beispiel eines Sozialarbeiters 11

3. Aufgabe C OECD-Empfehlungen zur Integration von
Flüchtlingen und sonstigen Schutzbedürftigen 12

   3.1. Die OECD Studie 12

   3.2. Empfehlungen zur Integration von Flüchtlingen und
sonstigen Schutzbedürftigen 13

Literaturverzeichnis 19

Abkürzungsverzeichnis

OECD: Organisation for Economic Cooperation and Develop ment

mind.: mindestens

BAMF: Bundesministerium für Bildung und Forschung

1. Teilaufgabe A soziales Handeln nach Max Weber

1.1. Max Weber

Max Weber gilt als einer der bedeutendsten deutschen Sozialwissenschaftler und einflussreichsten Denker des 19. Jahrhunderts. Er war ein Jurist, Volkswirtschaftler und Gesellschaftstheoretiker. Heute noch wird er als einer der größten Sozialphilosophen und Gesellschaftswissenschaftler der Geschichte angesehen (Institut für Soziologie und Sozialforschung, 2002, S. 87). Max Weber wird 1864 geboren, als ältestes von acht Kindern eines Juristen und

Stadtrates. In seiner Kindheit und Jugend war er ein Sorgenkind der Familie. Einerseits war er häufig kränkelnd, andererseits intellektuell sehr interessiert. Schon als Jugendlicher las er historische Werke, antike Klassiker und Philosophen wie Goethe, Kant, Homer, Herodot und viele mehr. Nach seinem Abitur 1882 in Charlottenburg, studierte er Rechtswissenschaften, Geschichte, Philosophie, Theologie und Nationalökonomie. 1889 promovierte er zum Dr. jur. der juristischen Fakultät und habilitierte sich 1892 mit einer Arbeit über römische Agrargeschichte in Berlin. Im Alter von 29 Jahren steigt Max Weber in das Berufsleben ein und wird außerordentlicher Professor für Handels- und deutsches Recht an der Berliner Universität. 1909 ist Max Weber Mitbegründer der Deutschen Gesellschaft für Soziologie. Seitdem versteht er sich als Soziologe. Im Jahr 1918 gehörte er zu den Mitgründern der Deutschen Demokratischen Partei (DDP), er hält zahlreiche politische Reden und nimmt zudem im Reichsamt an den Diskussionen über eine neue Verfassung teil (Müller & Sigmund, 2014, S. 2–5).

1.2. Soziales Handeln

„Wissenschaft, welche soziales Handeln deutend verstehen und dadurch in seinem Ablauf und seinen Wirkungen ursächlich erklären will." Aus dem ersten Paragrafen seines bekannten Buches „Wirtschaft und Gesellschaft" von Max Weber besagt dieser vielzitierte Satz, womit sich die Soziologie beschäftigt: mit sozialem Handeln. Weber definierte seine verstehende Soziologie als wissenschaftliche Soziologie des Sinn-Verstehens. Er war auf der Suche nach Regeln, Grundmustern und dem Motiv, welches Menschen zum Handeln leitet.

Es stellt sich zunächst die Frage, was Handeln von sozialem Handeln unterscheidet. Weber versucht dies zu verstehen und fragt deshalb nach dem Sinn (Dimbath, 2016, S. 71). Sinn ist als ein bestimmender realer Faktor menschlichen Handelns gemeint. Etwa das handelnde Personen einen ‚Sinn' mit ihrem Handeln verbinden und das dieser ‚Sinn' ihr Handeln mitbestimmt (Käsler, 2014, S. 225). Somit dient der Sinnbegriff als Basis des Verstehens: Der ‚Sinn' hilft das Verhalten anderer Menschen enträtselbar und nachvollziehbar zu machen. Darüber hinaus werden Normen und Werte der Handelnden ersichtlich. Es besteht die Annahme, dass jedes Individuum zum „Sinnverstehen" imstande ist. Zusätzlich bereits Normen und Werte in der Gesellschaft, die je nach Kultur unterschiedlich sind, erworben hat. Der Mensch strebt nach dem Sinn und orientiert sich an den Wert- und Normvorstellungen (Korte & Schäfers, 2008, S. 39f).

Im Anschluss an seine Definition von Soziologie ist über den Begriff ‚Handeln' zu lesen: „soll dabei ein menschliches Verhalten (einerlei ob äußeres oder innerliches Tun, Unterlassen oder Dulden) heißen, wenn und insofern als der oder die Handelnden mit ihm einen subjektiven Sinn verbinden." Alles was ein Akteur tun kann, kann Handeln sein, sofern es für ihn sinnvoll ist. Zunächst müssen wir die beiden Begriffe Handeln und Verhalten voneinander unterscheiden. Ein Verhalten ist nicht mit einem subjektiven Sinn verknüpft und absichtslos. Weber versteht unter ‚Verhalten' eine instinktive Reaktion auf die Umwelt, wie zum Beispiel das Zusammenzucken, wenn es donnert. Wir steuern das Verhalten nicht bewusst und verfolgen auch kein bestimmtes Ziel damit (Dimbath, 2016, S. 72f). Zum Verhalten gehören beobachtbare Aktionen und Reaktionen wie: Bewegungen, Mimik und das Sprechen.

Handeln hingegen hat einen subjektiv gemeinten Sinn. Der Handelnde denkt sich etwas dabei. An einem Beispiel aufgeführt: Eine Studentin schreibt jeden Tag eine Seite Text. Sie verfolgt damit den Sinn ihr Schreiben zu verbessern, um anschließend eine gelungene Hausarbeit schreiben zu können. Ganz anders verhält es sich beim soziologischen Handeln. Hier erweitert Weber die Definition um einen entscheidenden Aspekt: „Soziales Handeln aber soll ein solches heißen, welches seinem von dem oder den Handelnden gemeinten Sinn nach auf das Verhalten anderer bezogen wird und daran in seinem Ablauf orientiert ist."

Handeln wird soziales Handeln, es orientiert sich am Verhalten anderer. Der Begriff ‚sozial' ist wertfrei und bedeutet, dass die Handlung sich auf Akteure bezieht. Eine Handlung oder auch eine Unterlassung richtet sich auf eine oder mehrere Personen. Wenn eine Person sich entscheidet, allein wandern zu gehen, bezieht er sein Handeln auf andere. Er nimmt niemanden mit und geht ihnen somit aus dem Weg (Dimbath, 2016, S. 73f). In diesem Szenario bekommen die anderen Personen das nicht mit, beziehungsweise andere Personen sind nicht einmal anwesend. Eine soziale Handlung führt also nicht immer zu einer Interaktion.

Wir sprechen also von Handeln, wenn unser Verhalten ein Motiv hat. Von sozialen Handeln sprechen wir, wenn Personen einen Sinn mit dem Verhalten untereinander verbinden. Anhand eines Beispiels: Klaus klatscht sich vor Freude in die Hände. Dies ist eine Handlung. Wenn Klaus jetzt aber klatscht, um seine Lieblingsmannschaft im Fußballstadion anzufeuern, dann ist es eine soziale Handlung.

Folglich meint der Mensch mit seinem Handeln etwas Bestimmtes und bringt es anderen Gegenüber zum Ausdruck. Auch geht der Mensch davon aus, dass andere mit ihrem Handeln etwas meinen (Abels, 2019, S. 142).

1.3. Bestimmungsgründe sozialen Handelns

Was bewegt den Menschen demnach dazu, in einer bestimmten Weise zu handeln? Welchen Sinn verbindet der Mensch mit dem Handeln? Diese

Fragen stellt sich Weber und führt dazu vier Bestimmungsgründe sozialen Handelns ein: zweckrationales, wertrartionales, affektuelles und traditionales Handeln (Abels, 2019, S. 144).

Das Instrument des Idealtypus ist eine Hilfestellung, die Weber entwickelt hat, um soziales Handeln zu verstehen. Durch Verwendung sogenannter Idealtypen kann man soziale Phänomene systematisch und unter verschiedenen Gesichtspunkten erfassen. Weber stellt vier idealtypische Konstruktionen zur Untersuchung des Handlungsbegriffs vor (vgl. Dimbath, 2016, S. 71).

Der zweckrationale Handlungstyp geht überlegt und rational vor. Hier werden Zwecke und die nötigen Hilfsmittel in Betracht gezogen. Der Akteur betrachtet die Folgen und die Möglichkeiten und wählt anschließend den für ihn beste Weg (Kruse & Barrelmeyer, 2012, S. 88). Thomas überlegt, wofür er sein angespartes Taschengeld ausgeben soll. Er könnte sich einen Fußball, ein zweites Bücherregal kaufen oder sein Geld weiter auf ein Fahrrad sparen. Der Wunsch eines Fahrrads muss er ohnehin aufschieben, somit hofft er, dass seine Eltern ihm eins zu Weihnachten schenken. Das Bücherregal wäre nützlich, aber nicht unbedingt nötig, da er aus den Holzbrettern im Keller sich eins selbst bauen könnte. Letztendlich entscheidet er sich den Fußball zu kaufen, weil es keine alternative Lösung dafür gibt. An diesem fiktiven Beispiel geht hervor, dass jede Alternative einzeln und rational ersichtlich kalkuliert wird, um dann eine Entscheidung zu treffen.

Beim wertrationalen Handeln orientiert sich der Akteur an seinen Überzeugungen, die religiös oder ethisch geprägt sein können. Dabei handelt er eigennützig, ohne die Folgen zu berücksichtigen und ohne Rücksicht auf Erfolg. Die Akteure streben mit ihrem Handeln nach Bestätigung ihrer Überzeugungen und Gefühlen (Abels, 2019, S. 145). In der heutigen Zeit findet sich wertrationales Handeln im Feminismus wieder. Hier geht es um die Werte der Gleichberechtigung der Frauen in der Gesellschaft. Frauen fordern die Beendigung der Bevorzugung des männlichen Geschlechts. Abas ist ein gläubiger Mann. In seiner religiös geprägten Ansicht hat die Frau keinen hohen Stellenwert in der Gesellschaft. Bevor seine Ehefrau Layla das Haus verlässt, muss sie ihm um Erlaubnis bitten. Auch bei Terminen von Layla, begleitet und spricht er für Layla. Abas hinterfragt seine Überzeugung nicht und handelt eigennützig, obwohl seine Ehe darunter leiden könnte. Das wertrationale Handeln ist im Vergleich zum zweckrationalen Handeln unüberlegt. Das Beispiel verdeutlicht die Irrationalität beim wertrationalen Handeln im Vergleich zum oben beschriebenen zweckrationalen Handeln.

Beim Affektuellen Handeln ist ein plötzlicher Ausbruch von Gefühlen beobachtbar. Eine unüberlegte Reaktion auf einen momentanen Gefühlszustand (Roggenthin, 2017, S. 20). Anders als beim zweckrationalen Handeln, geht es hier nicht um eine durchdachte Lösung, sondern um eine sofortige Befriedigung der Bedürfnisse wie: Rache, Genuss, Hingabe oder auch eine
Entladung angestauter Gefühle: „Ich will und muss mich jetzt aufregen." (Dimbath, 2016, S. 81).

Viertens kann das soziale Handeln traditional orientiert sein. Der Akteur handelt nach Gewohnheiten, ein erlerntes Verhalten. Ähnlich dem affektuellen Handeln kommt es hier zu keinem reflektierten Vorgehen oder zur Abwägung von Folgen. In der vormodernen Gesellschaft war das Leben stärker von Traditionen geprägt als heute. Nur der Ehemann ging arbeiten und war somit der Alleinversorger der Familie. Die Ehefrau hat sich um den Haushalt und die Kinder gekümmert, sie gingen jeden Sonntag zur Kirche und die Kinder heirateten von Eltern bestimmte Personen. Heute kann man traditionales Handeln in Alltagsroutinen feststellen. Ohne darüber nachzudenken, wird eine automatisierte Morgenroutine befolgt: Aufstehen, duschen, Zähne putzen und zur Arbeit gehen (Kruse & Barrelmeyer, 2012, S. 89).

2. Teilaufgabe B Soziale Gruppen

2.1. Soziologie

Der Begriff Soziologie übernahm der Philosoph und Mathematik August Comte (1798-1857) von seinem früheren Mentor Claude-Henri de Saint-Simon (1760-1825), den er gegenüber dem älteren Begriff „Soziale Physik" ersetzte. Soziologie setzt sich aus den lat. *socius* (Gefährte, Mitmensch) und den griech. *logos* (Wahrheit, Lehre, Wissenschaft) zusammen (Schäfers, 2019, S. 1). Ursprünglich wollte Comte den Begriff „soziale Physik" beibehalten und begründete dies damit, dass das menschliche Verhalten und Zusammenleben durch Naturgesetze beschreibbar sind, jedoch war der Name schon von einem anderen Gelehrten besetzt. Da es zudem schwierig ist nachzuweisen, ob menschliches Handeln und Verhalten mit physikalischen Gesetzen zuverlässig vorausgesagt werden kann, war die Namensgebung letzten Endes ein glücklicher Zufall (Roggenthin, 2017, S.11).

Was ist Soziologie? In der vorherigen Aufgabe wurde erklärt, dass sie laut Max Weber, eine Wissenschaft ist, welches das soziale Handeln von Menschen und die Motive hinter den Handlungen verstehen will. Ein weiterer Schritt Richtung Soziologie ist die Beobachtung, dass Menschen sich tagtäglich begegnen und zusammenleben. Ohne dass der Mensch darüber nachdenkt oder forscht, existiert er nicht allein auf dieser Welt. Menschen sind auf die eine oder andere Weise mit anderen Menschen und Gruppen verbunden (Henecka, 2015, S. 13).

Die Soziologie interpretiert die soziale Wirklichkeit. Durch soziologische Fragen wie: Was bedeutet das, was ich hier sehe? Welchen Sinn hat das

7

Verhalten dieser Gruppe oder dieser Person? Gegenüber alltäglichen Gedanken und Sichtweisen ist es in der Soziologie notwendig einen Schritt zurückzutreten, verschiedene mögliche Deutungen abzuwägen, die Dinge in ihrem Kontext und wie sie entstanden sind betrachten. Durch solches Orientierungswissen hilft die Soziologie dabei, die Gesellschaft zu verstehen (Schimank, 2008, S. 32f.).

2.2. Soziale Gruppen

In der Gesellschaft kommen soziale Gruppen vor. Sie sind Bestandteile des Lebens. Sie können überall beobachtet werden: die Familie, der Freundeskreis, der Sprachkurs oder die Selbsthilfegruppe. Eine Antwort auf die Frage, was eine Gruppe ist, erscheint im ersten Moment einfach: wenn Menschen zusammenkommen, können sich Gruppen bilden. In der Soziologie gibt es verschiedene Arten von Gruppen und zudem genaue Ansichten, welche Bedingungen zusätzlich erfüllt sein müssen, um von einer Gruppe zu sprechen.

Die oben aufgezählten Gruppen werden als „soziale Gruppen" bezeichnet.

Welche Merkmale müssen soziale Gruppen erfüllen?

(1)   Sie besteht aus mehr als 2 Mitglieder, da ein Paar nicht als Gruppe bezeichnet werden kann. Wie viele Mitglieder die Gruppe maximal haben kann, hängt davon ab, ob sie die folgenden Punkten erfüllen können.

(2)   Es findet eine regelmäßige, häufige Interaktion zwischen den Mitgliedern statt. Jedoch ist es nicht festgelegt, wie oft die Gruppe sich treffen muss.

(3)   Innerhalb der Mitglieder besteht ein Wir-Gefühl. Damit grenzen sie sich von Personen, die nicht in der Gruppe sind und von der Außenwelt ab.

(4)   Die soziale Gruppe verfolgt gemeinsame Ziele, Normen, Werte und Interessen.

(5)   Jeder in der Gruppe übernimmt eine Rolle, eine Aufgabe und eine Funktion. Die Struktur ist jedoch nicht festgelegt und kann nach Bedarf neu geplant werden (Vester, 2009, S. 80–81).

Der Soziologe Charles Horton Cooley (1864 - 1929) führte die Konzepte der Primärgruppen und der Sekundärgruppen ein. In den Primärgruppen geht es von Beginn an um die ganze Person und in der Sekundärgruppe um die Rolle in der Gesellschaft. Unter Primärgruppen verstand Charles, Personen aus dem direkten Umfeld eines Individuums, die persönlich eng miteinander verbunden sind. Dazu zählen die Familie, Freunde, Liebesbeziehungen, Mitglieder religiöser Gruppen usw. Die Interaktionen finden regelmäßig und face-to-face statt. Die Beziehungen haben zudem eine relativ lange Dauer (Abels, 2019, S. 247).

Der Mensch wird in die Primärgruppe hineingeboren, somit zählt diese Gruppe zu den ersten Instanzen der Sozialisation. Hier formt sich die Persönlichkeit des Menschen. Zusätzlich übernimmt er die Werte und Normen der Gruppenmitglieder, diese bleiben meist sein ganzes Leben erhalten, zum Beispiel durch Eltern oder Geschwister. Da die Mitglieder stark verbunden sind, besteht ein wechselseitiger Einfluss untereinander (Joas, 2007, S. 225).

Auch ist Cooley der Meinung, dass die Vorstellung von Liebe, Freiheit oder Gerechtigkeit in den Primärgruppen entsteht (Scherr, 2013, S. 94).

Unter anderem erfüllen die Beziehungen grundlegendste emotionale und psychischen Bedürfnisse der Menschen, sie geben sich einander Anerkennung, Zuneigung und Geborgenheit. Es entwickelt sich ein starkes Wir-Gefühl, ein Gemeinschaftsgefühl, wodurch sie sich zugehörig fühlen. Diese Gruppen können in der Gesellschaft stabilisierend für das Individuum wirken.

Ohne sie kann der Mensch sich einsam fühlen (Joas, 2007, S. 225).

Im Gegensatz dazu entwickelt sich in Sekundärgruppen kein Zugehörigkeitsgefühl und ist somit unpersönlicher. Sie entstehen zweckmäßig, um einer Pflicht nachzugehen und haben gemeinsame Ziele wie politische Parteien, Schulen oder Vereine (Roggenthin, 2017, S.25f). In der Sekundärgruppe geht es nicht mehr um den ganzen Menschen, sondern um die Fähigkeiten und Interessen, die er mitnimmt, z. B. berufliche Leistungen oder betriebliches Engagement. Die Beziehungen basieren auf formelle Vereinbarung und nicht wie bei der Primärgruppe auf gegenseitiges Vertrauen. Die Zahl der Mitglieder ist groß (Henecka, 2015, S. 149), wie bei einer Religionsgemeinschaft oder einem Sportverein.

Oft überschneiden sich die Gruppentypen in der Realität. Deswegen wird zudem zwischen informellen und formellen Gruppen unterschieden. Formelle Gruppen finden sich häufig zusammen, um einen bestimmten Zweck oder ein Ziel zu erfüllen. Wie bei der sekundären Gruppe steht hier der Zweckcharakter im Vordergrund. Meistens findet man sie in der Berufswelt. Um Gruppenziele umzusetzen, sind bereits Handlungsabläufe und Rollverteilung eindeutig festgelegt und formal ausformuliert. Demnach werden nur passende Menschen aufgenommen, die diese Anforderungen erfüllen können. Somit sind auch die Beziehungen zwischen den Mitgliedern neutral und funktional gestaltet.

Vom geplanten in die Realität kommen wir zur informellen Gruppe. Da der Mensch nicht wie ein Roboter vor sich hinarbeitet, sondern seine eigenen Stärken, Schwächen, Lebenserfahrungen, individuelle Arbeitsstile, bestimmte Zu- und Abneigungen und das Bedürfnis nach Nähe oder Distanz mit sich bringt, fließen diese Eigenschaften als Antwort auf die formalen Anforderungen mit ein (Henecka, 2015, S. 150–152).

Die informellen Gruppen bilden sich nach den Interessen oder Einstellungen des Menschen heraus und entstehen aufgrund sozialer Bedürfnisse, die der Mensch hat (Dimbath, 2016, S. 155f.). Sozusagen entstehen diese Art von Gruppen da wo Menschen sind, zum Beispiel in Form von Freundschaften oder Cliquen. In einem Gefängnis könnten beispielsweise unter den Inhaftierten, sich brutale Gangs bilden.

2.3. Soziale Gruppen am Beispiel eines Sozialarbeiters

Die Sozialarbeiterin Mila arbeitet Vollzeit beim internationalen Bund. Sie ist in der sozialtherapeutischen Wohnhilfe für junge Erwachsene im Alter von 21 bis 30 tätig. Dort werden Menschen mit psychischer Erkrankung unterstützt. Durch angebotene Wohnräume und Hilfe, unterstützen sie Schritt für Schritt junge Erwachsene sich den Anforderungen des Lebens zu stellen und bereiten sie auf ein selbstständiges Leben vor. Das Beispiel einer sozialen Gruppe ist in diesem Fall die Wohngruppe. Im Wohnhaus Altona stehen 4 Wohnungen mit jeweils drei Zimmern für Hilfesuchende zur Verfügung. Im Erdgeschoss befinden sich Büroräume, Gemeinschaftsräume, sowie einzelne Beratungsräume.

In der Wohngruppe haben die Gruppenmitglieder das gemeinsame Bedürfnis nach einem familienähnlichen Umfeld. Sie benötigen Sozialarbeiter, die mit ihnen an verschiedenen Problemen arbeiten, die sie aus eigenen Kräften nicht überwinden können. Dazu bestehen über den Tag jeweilige Bezugsbetreuer zur Verfügung, die Beratung und Unterstützung bei anliegenden Alltagsaufgaben anbieten. Die Mitglieder bestehen aus acht jungen Erwachsenen Männern. Die Sozialarbeiter planen passend Freizeit- und Gruppenaktivitäten, zum Beispiel treffen sich die Gruppenmitglieder regelmäßig um neun Uhr für die Morgenrunde, dort findet Austausch zwischen den Mitgliedern statt. Angebote wie gemeinsamen Sport treiben verstärkt das bestehende Wir-Gefühl.

Die formelle Gruppe sind in der Wohnungshilfe die Mitarbeiter. Die Gruppe existiert unabhängig von einzelnen Mitgliedern. Sie wurden aufgrund ihrer beruflichen Qualifikationen, ein abgeschlossenes Studium in Soziale Arbeit, eingestellt. Die Aufgaben in der Wohngruppe sind unter den Mitarbeitern verteilt und im Arbeitsvertrag festgehalten. Sie verfolgen gemeinsam das Ziel, die jungen Erwachsenen in der Alltagsbewältigung zu unterstützen und sie in ihren Stärken zu festigen. Die Förderung der Individualität und die ressourcenorientierte Arbeit soll die jungen Erwachsenen zu einem eigenständigen Leben führen.

Die Gespräche zwischen den Mitarbeitern sind nicht persönlich, sondern oft wird über die Wohngruppe oder über die jungen Erwachsenen gesprochen. Auf der Arbeit versteht sich Mila mit zwei Mitarbeitern besonders gut. Dadurch bildet sich aus der formellen Gruppe, eine informelle Gruppe heraus. Sie und die zwei Mitarbeitern haben ähnliche Einstellungen und interessieren sich gemeinsam für asiatisches Essen. In der Mittagspause gehen sie oft zusammen essen und tauschen sich über aktuelle Neuigkeiten aus ihren Leben aus.

3. Aufgabe C OECD-Empfehlungen zur Integration von Flüchtlingen und sonstigen Schutzbedürftigen

3.1. Die OECD Studie

Die OECD ist eine internationale Organisation für wirtschaftliche Zusammenarbeit und Entwicklung. Ihr Ziel ist es, eine bessere Politik zu schaffen, indem der Wohlstand, Gerechtigkeit, Chancen und Lebensqualität für alle gesichert werden soll. Mit ihren sechzig Jahre Erfahrung in der Analyse politischer, wirtschaftlicher und gesellschaftlicher Entwicklungen arbeiten sie gemeinsam mit Regierungen, Politikverantwortlichen und Bürgern an internationalen Normen und evidenzgestützten Lösungen für die anstehenden Herausforderungen (www.oecd.org, 2021).

Im März 2017 hat die OECD eine Studie zur Arbeitsmarktintegration von Flüchtlingen in Deutschland veröffentlicht. 2015 und 2016 gab es einen Zuwanderungsstrom von fast 1,2 Millionen Menschen mit der Absicht Asyl in Deutschland zu beantragen. Für die Integrationsförderung, die öffentlichen

Debatten und die Akzeptanz ist es wichtig, die Begriffe Asylbewerber oder Flüchtling zu unterscheiden.

Folgende Begriffe werden in der OECD definiert: Migranten bzw. Zuwanderer sind Personen, die dauerhaft oder temporär einreisen, mit gültigem Aufenthaltstitel oder Visum, Asylbewerber sowie undokumentierte Migranten. Als Langzeitmigrant werden Personen bezeichnet, die für mindestens ein Jahr in ein Land ziehen, welches nicht ihr Aufenthaltsland ist. Hier werden vier große Kategorien unterschieden: Langzeitmigranten, Arbeitsmigranten, Familiennachzügler und international Schutzberechtigte. Flüchtlinge oder international Schutzberechtigte sind Personen mit stattgegebenen Asylanträgen oder Personen mit einer anderen gewährten Form von Schutz, zum Beispiel Personen, denen große Gefahr in dem Heimatland droht. Beim „Asylbewerber" ist über seinen gestellten Asylantrag noch nicht entschieden worden (OECD 2017, S.17).

3.2. Empfehlungen zur Integration von Flüchtlingen und sonstigen Schutzbedürftigen

1.   Humanitären Zuwanderern und Asylbewerbern mit hoher Bleibeperspektive zügig Aktivierungs- und Integrationsmaßnahmen anzubieten. Die Erfahrungen der OECD-Länder zeigen die Wichtigkeit von frühzeitigen Integrationsmaßnahmen von Flüchtlingen. Bei fortgeschrittenen Kenntnissen der Sprache des Aufnahmelands, erhöht sich die Wahrscheinlichkeit einen Arbeitsplatz zu finden drastisch. Die Studie zeigt, dass zwischen den Sprachniveaus fortgeschritten und Grundkenntnissen die Beschäftigungsquote besonders ausgeprägt ist: 65% gegenüber 28% (OECD 2017, S.37-38).

Folglich wurden die Rechtsrahmen für einen frühzeitigen Zugang zu Sprachkursen für Asylbewerber und Geduldete mit hoher Bleibeperspektive gelockert. Die Vergütungsgrenze für freiberufliche Lehrkräfte wurden verbessert, um den Lehrkräftemangel entgegenzusteuern. Zusätzlich hat

BAMF die Zulassungskriterien vorübergehend angepasst, sodass Lehrkräfte nicht mehr an einer Zusatzqualifizierung teilnehmen müssen (OECD 2017, S.39-40). Da die Zahl der Zuwanderer steigt, kämen qualitative Online-Sprachkurse als Erweiterung zum Präsenzunterricht in Frage, welches ausgebaut werden muss. Dies würde bei zukünftigen Zuwanderern die Arbeit entlasten. Zudem würde dies auch den Lehrkraftmangel zugutekommen (OECD 2017, S.41).

2.   Der Arbeitsmarktzugang für Asylbewerber mit hoher Bleibeperspektive soll erleichtert werden.

Je früher Flüchtlinge in den Arbeitsmarkt integriert werden, desto höher ist die Chance auf eine langfristige Integrationschance. Der Zugang zum Arbeitsmarkt ist mit bestimmten Bedingungen verbunden und ist somit eingeschränkt für die Asylbewerber. Da verhindert werden soll, dass diese aus rein wirtschaftlichen Interessen Asyl beantragen. Dies bringt das Risiko mit sich, dass sie sich dem Schwarzmarkt zuwenden. Auch bringen die Bedingungen für Arbeitgeber Kosten mit sich, die er übernehmen muss. Dies wirkt sich negativ auf die Einstellung aus und sollte in Zukunft vereinfacht werden. Die Wartezeit für Asylbewerber in Deutschland beträgt drei Monate. In manchen Ländern gibt es keine Wartezeit, wie zum Beispiel in Kanada, Griechenland, Norwegen und Schweden. Wohingegen im Ver. Königreich die Wartezeit zwölf Monate beträgt (OECD 2017, S.44-45).

3.   Die Beschäftigungsaussichten bei der Verteilung zu berücksichtigen.

Die OECD empfiehlt bei der Verteilung sich an den örtlichen Arbeitsmarktbedarf zu richten und sich an Orten, in denen es viele Arbeitsplätze gibt zu orientieren. Schweden berücksichtigt bei ihrer Verteilungspolitik die lokalen Arbeitsmarktbedingungen und haben damit positive Ergebnisse in der Beschäftigungsquote und beim Einkommen festgestellt (OECD 2017, S.48). Die Zuweisung in Orten, in denen es wenige Arbeitsplätze oder Integrationschancen gibt, führt zu negativen Langzeitfolgen. Nach dem 2016 eingeführten Integrationsgesetz, müssen

Flüchtlinge drei Jahre in dem Bundesland bleiben, in dem sie zugewiesen wurden. Bei einem Arbeitsplatz, Praktikum, Berufsausbildung oder einem Studienplatz an einem anderen Ort, können Flüchtlinge mit einem Umverteilungsantrag bei der Ausländerbehörde einen Umzug beantragen. Es gibt keine Daten darüber, wie viele solche Anträge gestellt haben und welche Gründe es für eine mögliche Ablehnung gab. Hier bedarf es an Transparenz und Überprüfung der Entscheidungen über die Umverteilungsanträge seitens der Ausländerbehörde (OECD 2017, S.50-51).

4.   Im Ausland erworbene Qualifikationen, berufliche Erfahrungen und Kompetenzen von humanitären Zuwanderern soll frühzeitig erfasst und beurteilt werden.

Durch die Einführung des Anerkennungsgesetzes im Jahr 2012, können alle Zuwanderer ihre Berufsqualifikationen anerkennen lassen. Dies führt zu einem weiteren Problem, das viele keinen oder nur begrenzten Nachweis über ihre Qualifikationen haben. Deshalb empfiehlt die OECD zusätzliche Maßnahmen einzuführen, um die Kompetenzen ohne Nachweise festzustellen (OECD 2017, S.52-54). Die Maßnahme KompAS (Kompetenzfeststellung, frühzeitige Aktivierung und Spracherwerb) wurde 2016 von der Bundesagentur für Arbeit für Flüchtlinge und Asylbewerber mit hoher Bleibeperspektive ins Leben gerufen. Sie vereint die nötigen Schritte, um den Eintritt in die Arbeitswelt zu erleichtern.

Weitere Maßnahmen sind nötig, wie Beratung beim Bewerbungsverfahren, Unterstützung beim Finden von Informationen über Berufe und deren Voraussetzungen. Ein langfristiger Ansatz zur Kompetenzfeststellung ist nötig. Die Projekte müssen erweitert werden und mehr Daten müssen gesammelt werden, um zu entscheiden, welches Projekt sich am besten eigne, um sie bundesweit einzusetzen (OECD 2017, S.55-56).

5.   Die zunehmende Heterogenität humanitärer Zuwanderer berücksichtigen und bedarfsgerechte Ansätze entwickeln.

Da Flüchtlinge und Asylbewerber unterschiedliches Bildungsniveau oder Berufsqualifikationen haben, werden individuelle Integrationsmaßnahmen benötigt, um dauerhaft die Beschäftigungschancen aufrechtzuerhalten. Ein Kurs, das nicht dem Bildungsniveau des Teilnehmers entspricht, kann schnell demotivierend wirken (OECD 2017, S.56-57).

Die OECD empfiehlt, die Angebote bedarfsgerecht zu erweitern, sodass Integrationskurse genutzt werden können, um zum Beispiel Informationen über Ausbildungsmöglichkeiten oder über den Bewerbungsablauf zu bekommen (OECD 2017, S.58).

Analphabeten, Frauen, Familien mit Kindern und junge Erwachsene müssen langfristig gefördert werden und benötigen mehr Angebote, unter anderem auch zulängliche Kinderbetreuung, damit überhaupt eine Teilnahme an Kursen stattfinden kann (OECD 2017, S.61-62).

6.   Unterstützungsprogramme für unbegleitete Minderjährige entwickeln, die bei ihrer Ankunft nicht mehr im schulpflichtigen Alter sind.

Viele unbegleitete Minderjährige leben als geduldete Migranten in Deutschland. Dieser Status kann jedoch zum Verhängnis werden, sobald die Minderjährige volljährig werden. Sie benötigen einen Vormund, der einen Asylantrag für sie stellt, bevor die Volljährigkeit eintritt. Dadurch können sie bis zum 21. Lebensjahr, weiterführende Unterstützung durch die Kinder- und Jugendhilfe bekommen. Geschieht dies nicht, endet die Unterstützung, sobald sie 18 werden. Es ist jedoch wichtig, die unbegleiteten Minderjährige langfristig über das Alter von 18 hinaus gezielt zu unterstützen (OECD 2017, S.62-63).

Die Beschäftigungsquote ist anfangs sehr hoch, da die unbegleitete Minderjährige an schnelles Geld interessiert sind anstatt einer Berufsausbildung. Deshalb empfiehlt die OECD für eine langfristige Integration in den Arbeitsmarkt den unbegleiteten Minderjährigen Grundkompetenzen zu vermitteln, sowie langfristige Vorteile der allgemeinen beruflichen Bildung aufzeigen. Zur Verteilungspolitik empfiehlt die OECD, die Umverteilung auf Gemeinden zu priorisieren und dort die Infrastruktur aufzubauen, damit eine angemessene Betreuung stattfindet, wie zum Beispiel die Vorbereitung in Schulen. Dadurch werden bestehende Unterbringungs- und Personalengpässe in Großstädten entlastet (OECD 2017, S.64-65).

7.   Die Zivilgesellschaft in die Integration humanitärer Zuwanderer miteinbeziehen, um die Arbeitsmarktintegration zu erleichtern.
Die Zivilgesellschaft kann dort helfen, wo der Staat nicht schnell genug agiert. Nichtregierungsorganisationen, Migrantenverbände, lokale Initiativen und die Sozialpartner gehören hier im Integrationsprozess dazu. 11 % der deutschen Bevölkerung gaben bei einer Umfrage zwischen November 2015 und Mai 2016 an, dass sie durch Sachspenden, durch Unterstützung von Flüchtlingsheimen oder bei der Sprachvermittlung Flüchtlinge unterstützten. Es bestehen Mentoring-Programme, die die Zivilgesellschaft mit Flüchtlingen zusammenbringt. Dort unterstützen Freiwillige neu eingetroffene Flüchtlinge bei Sprachkursen, Behördengänge oder im Alltag. Der Arbeitsbereich ist weniger fokussiert und könnte ausgebaut werden. Freiwillige könnten zudem ihr soziales Netzwerk nutzen, um Asylbewerber bei der Arbeitssuche oder beim Bewerbungsverfahren zu helfen. Dies könnte auch für weibliche Flüchtlinge zum Vorteil werden, da sie nicht so nah am Arbeitsmarkt sind. Die OECDLänder Kanada und Dänemark haben bereits umfassende Mentoring-Programme eingeführt. Das Potenzial der Zivilgesellschaft sollte nicht außer Acht bleiben und deshalb sollen laut der OECD die Mentoring-Programme umfassend gefördert werden (OECD 2017, S.65-66).

8.   Die Koordinierung zwischen den staatlichen Ebenen und den verschiedenen beteiligten Akteuren verbessert werden muss.
Eine bedeutende Rolle bei der Bewältigung der Politikaufgabe spielt die Zusammenarbeit der Akteure. Die Machtverteilung zwischen Bund und Bundesländer erschwert die Sache. Die OECD kritisiert, dass zwei Akteure

für die Zuständigkeit der Arbeitsmarktintegration zuständig sind: die Bundesagentur für Arbeit, für die Integration von Asylbewerbern und das Jobcenter, für die Betreuung der Flüchtlinge.

Der Übergang von Zuständigkeit der Asylbewerber und Flüchtlingen ist problematisch. Diesbezüglich wurden nun zentrale Anlaufstellen für Asylbewerber und Flüchtlinge eingeführt, um die Zusammenarbeit der beiden Akteure zu verstärken. Eine weitere Möglichkeit wäre Asylbewerber und Flüchtlinge nur den Jobcenter zuzuteilen. Überdies könnte die Einbeziehung von Jobcenter in den Planungsprozess für Sprachkurse eine zusätzliche Hilfe sein, um den Bedarf von Regionalkoordinatoren zu decken.

Die staatlichen Behörden haben durch das neue Datenaustauschverbesserungsgesetz inzwischen Zugang zum Ausländerzentralregister. Dadurch verbessert sich außerdem der Datenaustausch (OECD 2017, S.66-68).

Literaturverzeichnis

Abels, H. (2019). *Die Individuen in ihrer Gesellschaft* (5.). Springer VS.

Dimbath, O. (2016). *Einführung in die Soziologie* (3.). Wilhelm Fink.

Henecka, H. P. (2015). *Grundkurs Soziologie* (10.). UVK-Verl.-Ges.

Institut für Soziologie und Sozialforschung (Hrsg.). (2002). *Der soziologische Blick: Vergangene Positionen und gegenwärtige Perspektiven.* Leske + Budrich.

Joas, H. (Hrsg.). (2007). *Lehrbuch der Soziologie* (3.). Campus-Verl.

Käsler, D. (2014). *Max Weber: Eine Einführung in Leben, Werk und Wirkung* (4.). Campus Verlag.

Korte, H., & Schäfers, B. (Hrsg.). (2008). *Einführung in die Hauptbegriffe der Soziologie* (7.). Verl. für Sozialwiss.

Kruse, V., & Barrelmeyer, U. (2012). *Max Weber: Eine Einführung.* UVK Verl.-Ges.

Müller, H.-P., & Sigmund, S. (2014). *Max Weber-Handbuch: Leben - Werk - Wirkung* (1.). J.B. Metzler.

Roggenthin, K. (2017). Studienbrief: Allgemeine Soziologie Einführung, (1. Aufl.), Riedlingen, Deutschland: SRH Fernhochschule.

Schäfers, B. (2019). *Einführung in die Soziologie* (3.). Springer VS.

Scherr, A. (2013). *Soziologische Basics: Eine Einführung für pädagogische und soziale Berufe* (2. Aufl.). VS Verlag für Sozialwissenschaften Imprint.

Schimank, U. (2008). *Gesellschaft begreifen Einladung zur Soziologie* (N. M. Schöneck, Hrsg.). https://nbn-resolving.org/urn:nbn:de:101:1-201204202585

Vester, H.-G. (2009). *Kompendium der Soziologie I: Grundbegriffe.* VS Verlag für Sozialwissenschaften / GWV Fachverlage GmbH, Wiesbaden.